TIME OUT

Hannes Wanderer Andreas Göx Leere Läden in Berlin

TIME OUT

Mit einem Vorwort von Gunter Woelky

PEPERONI BOOKS

Zwischen außerhalb der Mitte und innerhalb des Außerhalb

von Gunter Woelky

Vor etwa einem dreiviertel Jahrhundert hat Walter Benjamin darauf hingewiesen, dass Literatur und Poesie kaum oder jedenfalls nicht angemessen in eine andere Sprache übersetzt werden können, ohne Wesentliches zu verlieren. Vielmehr könne man – im Fall einer gelungenen Übersetzung – davon ausgehen, es sei dem Original ein Denkmal errichtet worden. Vielleicht noch viel mehr gilt diese Idee für das Vorhaben, ein Bild oder gar eine ganze Bilderwelt mit Texten zu hinterlegen, die dem Betrachter etwas übersetzen sollen, was er bereits direkt vor Augen hat, und was eben keiner Übersetzung bedarf. Kunstbeschreibung, Rezension bleiben in Bezug auf die Absicht, einen angemessenen Kommentar zum Artefakt abzuleisten, als Übersetzungsarbeit zwangsläufig hinter der Qualität des Originals zurück. Dies gilt auf besondere Weise für die Arbeit der Berliner Fotografen Hannes Wanderer und Andreas Göx.

Zu sagen, was sich nicht sagen lässt, stellt bekanntlich den Anspruch Ludwig Wittgensteins auf den Kopf, man müsse schweigen über das, worüber nicht zu reden sei. Wer sich von den „Leeren Läden" einfangen lässt, ist in der Tat bald geneigt, den Mund zu schließen. Die Wucht der Leere, die mehr oder weniger sich leise einschleichend den überfällt, der sich auf sie einlässt, macht sprachlos. Wer genau hinschaut sucht erfolglos nach Worten, weil es für diese Bildmotive kaum Referenzerfahrungen gibt, auf die sich zu beziehen wäre. Denn das Repertoire der Kunsterinnerung gibt wenig Vergleichbares her, um die „Leeren Läden" mit ihren Innenwelten sinnvoll verorten zu können. Man bleibt demnach mit sich und den Bildern weitgehend allein.

Dass die Verortung der Fotografien so schwer fällt wirft dann auch ein Schlaglicht auf deren Bedeutung. Es sind Motive, die über Jahre heran gereift sind und die sich aus dem negativen Stadtentwicklungsprozess Berlins quasi selbst herausdestilliert haben. Unzählige Stunden haben die Fotografen Wanderer und Göx die Stadt durchstreift, in über 10.000 Schaufenster geblickt – und selektiert: Wir sehen nur die Spitze eines Eisbergs. Die Arbeit ist also auf diese Weise eine ausschnitthafte Dokumentation jenes Vorgangs, der vom Niedergang der metropolen Ökonomie oder auch einfach vom vielfachen Ende der Läden erzählt – eine Arbeit, die über klaglos-stille Abgesänge von viel mehr als nur einer vielleicht für immer verschlossenen Ladentür und langsam und sicher erblindenden Fensterscheiben berichtet. Die Dokumentation dieses urbanen Veränderungsprozesses, der durch einen nicht oder gegenteilig erwarteten Strukturwandel das Märchen von den blühenden Landschaften herunter bricht bis zum abgerissenen Linoleum, diese Dokumentation oszilliert im aristotelischen Sinne zwischen kühlem Drama und bedrückender Tragödie.

In Anlehnung an Theodor W. Adorno, der im Zusammenhang mit den „Leeren Läden" vielleicht von einer Fotokunst des beschädigten Lebens philosophiert hätte, lässt sich von Bilder-Geschichten sprechen, die keine sind: deshalb nicht, weil die Bilder keine Prosa erzählen, sondern Wahrheit; auch deshalb nicht, weil die Bilder keine Geschichten sind, sondern Bilder; und besonders deshalb nicht, weil die Bilder nicht Geschichte sind, sondern Gegenwart.

In der Summe, aber auch in vielen Einzelmotiven, durchmisst die Bilderwelt der „Leeren Läden" leichtfüßig als auch schwermütig zugleich und gelegentlich durchaus humorvoll das gesamte Spektrum zwischen Leben und Tod. Max Beckmann meinte – übrigens vermutlich im Berlin der 20er Jahre –, man müsse „das Gerümpel der Dinge vor die Tiefe des Raumes stellen, damit man dessen schauerliche Tiefe nicht sieht". Die Bilder Wanderers und Göxs gehen den umgekehrten Weg. Nicht etwa, dass die Läden geräumt wurden, um einen Blick ins Nichts zu inszenieren, das Unbehagen beschleicht den Betrachter deshalb, weil selbst dieses gerade nicht inszenierte Nichts vom kapitalen Zerfall erfasst worden beziehungsweise dessen unbarmherziger Ausdruck ist. Wer beim Anblick der Fotografien von Angst und Trauer erfasst wird, darf sich demnach ebenso auf der richtigen Seite wissen wie der, dessen Lachen angesichts des Wahren, des Schönen, des Guten dem existenziellen Witz der heute diametral entgegen gesetzten Wirklichkeit bloß noch mit Humor begegnen kann. In keinem Bildmotiv stürzt die Botschaft ab in die Belanglosigkeit. Nicht selten folgt dem Schrecken des sinnlosen Godot im nächsten Bild eine handfeste Provokation, die zum vergnüglichen Gelächter reizt; hin und wider liegt der Witz im Schmerz, oder umgekehrt.

Die Melancholie des späten Edward Hopper ist vielleicht eine Brücke, die zur gegenständlichen Malerei zu schlagen wäre (wenn dann doch eine kunsthistorische Referenz gewünscht wird). Ist aber das große Thema Hoppers die Einsamkeit des Menschen in der Großstadt, so stehen die Bilder der „Leeren Läden" für einen absurden Gegensatz: die Einsamkeit der Stadt in ihrer eigenen Geschichte. Die Fotografien berichten über das definitive Aus unsichtbarer Lebensphasen von heute anonymen Menschen: ungeschönt, kompromisslos, alternativlos.

Nach dem Ende des Endes des Geschichtenerzählens in der Literatur, des Theaters und der Malerei beginnt nichts Neues, sondern nur etwas anderes. Alles war irgendwie schon da. Das dennoch gänzlich andere der „Leeren Läden" mit ihrer Spanne zwischen Leben und Tod ist auch die Geschichte von Grenzüberschreitungen. Die Bilder sind jedoch keine nekrophilen Dokumente, ebenso wenig sie lautstark dem allgegenwärtigen Erfolgskonzept ein kritisches Gegendenkmal errichten wollen. Sie sind Grenzerfahrungen. Sie enttarnen jeden Fluchtversuch und dulden keine Unwägbarkeiten. Grenzen, die jeder Kunst im Sinne einer intrinsisch notwendigen Unvollkommenheit des Werkes anhaften, stellen immer jenen Raum her, der zwischen Kunst, Dokumentation und sogar Unterhaltung zu verorten wäre: Wie nämlich Berlins „Leere Läden" zwischen außerhalb der Mitte und innerhalb des Außerhalb zu Beginn des 21. Jahrhunderts vorzufinden sind.

Das ist die andere Seite der betriebsamen Aktualität des vermeintlichen, allzeithochlichen Erfolgs.

Between the Outside of the Center and the Inside of the Outside

by Gunter Woelky

Some three quarters of a century ago, Walter Benjamin pointed out that literature and poetry can hardly (or at least not appropriately) be translated into another language without losing something essential. On the contrary, one could consider a successful translation to be a tribute of sorts to the original. Perhaps this notion might have even more validity in the case of the visual arts, where the spectator can view the artist's original work without the need for translation. Writing about art might be compared to translation – the most valid appreciation can be obtained by viewing at first hand. This is particularly true for the work of the photographers Hannes Wanderer and Andreas Göx from Berlin.

To say that which cannot be said, obviously turns upside down Wittgenstein's claim to remain silent about that which cannot be spoken. If one is prepared to be captured by the Empty Shops (Leere Läden) one will indeed be inclined to remain silent. The impact of emptiness inflicts a slowly growing attack on those who get engaged in it and renders them speechless. A close examination creates an unsuccessful search for words, for there are hardly any referential experiences one could relate to. The repertoire of art memory provides only a few comparisons in order to sensibly locate and position the interior worlds of the Empty Shops. Therefore one remains alone and at large with oneself and the pictures.

The difficulty in positioning the photos also highlights their significance. These motifs have matured in years and have almost distilled themselves from Berlin's urban decay. The photographers Wanderer and Göx have strolled for countless hours through the city; they have looked through more than 10, 000 shop windows and have made their selection: we can only see the tip of the iceberg. In this respect, their work is a selective documentation of a process which tells us about the decline of the metropolitan economy or simply about the numerous shop closures. Their work also depicts the quiet and uncomplaining farewells of shop entrances, which will remain closed for good with neglected window panes dimmed and tarnished by the flow of time. The documentation of this process of urban change gives lie to the assumption that the decay which is depicted will ultimately lead to bloom and regeneration. This transforms the myth of wealth and well-being to no more than torn linoleum.

The photographers' pictures oscillate in an Aristotelian sense between low pitched drama and depressing tragedy. With reference to Theodor W. Adorno, who perhaps would have spoken about the photographic art of damaged lives in connection with the Empty Shops, one could speak of picture-stories which do not exist, because pictures tell no prose but truth and because pictures are no stories but images and particularly not because these pictures are not of the past but are of the present.

The way the picture world of the Empty Shops as a whole (but also in many single motifs) passes over the full spectrum between life and death is fleet-footed and at the same time melancholic and occasionally even humorous. It probably was during the Twenties in Berlin where Max Beckmann made the remark, "one has to place the junk of things in front of the depth of space in order to prevent looking at its gruesome depth". The pictures of Wanderer and Göx turn in the opposite direction. Not that the shops have been emptied in order to grant a view into nothingness - the uneasiness creeps into the spectator's eye because even this non-produced nothingness has been seized by capital decay or respectively is its merciless expression. Whoever regards the pictures with a certain sense of fear and sorrow can consider himself on the right side, just as those whose laughter can only confront the existential joke of today's reality being diametrically opposed to truth, beauty and the good with nothing else but humour. There is no picture motif where the message drifts into the trivial. More than once the fright of the absurd Godot is continued by some tough provocation which makes one laugh; once and again the pain lies within the joke or vice versa.

The melancholy of the late Edward Hopper might be a bridge which leads to figurative painting. But whereas Hopper focuses on the loneliness of people in the big city, the pictures of the Empty Shops present an absurd contrast: the solitude of the city within its own history. The photos report on the definite end of the invisible lives of anonymous people of the present day: rough and real, uncompromising and without alternative.

After the end of the story telling in literature, theatre and the fine arts there is nothing new to begin with. Somehow everything has already been there. Nevertheless, this completely different approach of the Empty Shops, with its span between life and death, is also the story of border crossings. But the pictures are no necrophilic documents, neither do they intend to erect a critical counter-monument to the omnipresent concept of success in a noisy fashion. They are borderline experiences. They unearth any attempt to escape and grant no imponderables. Limitations which are inherent in every art form in the sense of intrinsically necessary imperfections always represent the space which could be located between art, documentation and even entertainment: as Berlin's Empty Shops can be found between the outside of the center and the inside of the outside at the beginning of the 21st century.

Berlin | City West | 2003

Berlin | Mitte | 2004

Berlin | Mitte | 2004

Berlin | Mitte | 2004

Berlin | Charlottenburg | 2003

Berlin | Schöneberg | 2003

Berlin | Friedrichshain | 2003

Berlin | Neukölln | 2003

Berlin | Wilmersdorf | 2003

Zubehör

Zukunft unterwegs

Berlin | 2003

Berlin | 2003

Berlin | 2003

Berlin | 2003

Berlin | Tempelhof | 2003

Berlin | Kreuzberg | 2004 | Prenzlauer Berg | Schöneberg | Treptow | 2003

Levis
Jeans Jacken
40 €
Eclipse
Sweatshirts
35 €
70 %
REDUZIERT

Berlin | Zehlendorf | 2003

Berlin | City West | 2003

Berlin | Mitte | 2003

Berlin | Reinickendorf | 2003

Berlin | Hellersdorf | 2003

Berlin | Charlottenburg | 2004

Berlin | Zehlendorf | 2003

Berlin | Friedrichshain | 2004

Berlin | Charlottenburg | 2003

Berlin | Westend | 2003

Berlin | Moabit | 2003

Berlin | Charlottenburg | 2003

Berlin | Moabit | 2003

Berlin | Prenzlauer Berg | 2003

Berlin | Schöneberg | 2003

Berlin | Neukölln | 2003

Berlin | Neukölln | 2003

Berlin | Friedrichshain | 2003

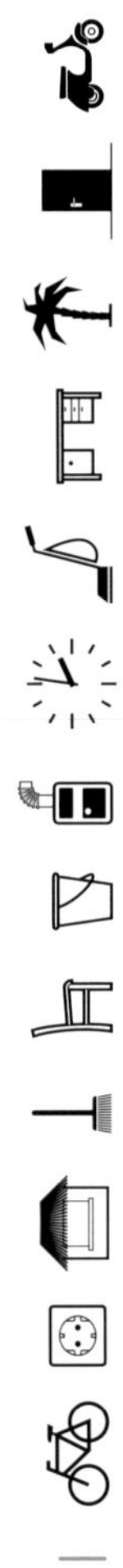

Berlin | Treptow | 2003

Berlin | Friedrichshain | 2003

Berlin | Neukölln | 2003

Berlin | Charlottenburg | 2004

Berlin | Prenzlauer Berg | 2003

Berlin | Wedding | 2003

Berlin | Wedding | 2003

Berlin | Prenzlauer Berg | 2003

Berlin | Schöneberg | 2003

Berlin | Neukölln | 2003

Dole

Berlin | Neukölln | 2003

Berlin | Friedrichshain | 2003

Berlin | Friedrichshain | 2004

Berlin | Marzahn | 2003

Berlin | Spandau | 2003

Berlin | Steglitz | 2003

Berlin | Moabit | 2003

Berlin | Charlottenburg | 2004

Berlin | Wedding | 2003

Berlin | Wedding | 2004

Berlin | Kreuzberg | 2004

Berlin | Charlottenburg | 2003

Berlin | Wedding | 2004

Berlin | Charlottenburg | 2003

Berlin | Moabit | 2004

Berlin | Prenzlauer Berg | 2003

Berlin | Friedrichshain | 2004

Berlin | Moabit | 2003

Berlin | Treptow | 2003

Berlin | Neukölln | 2003

Berlin | City West | 2004

Berlin | Mitte | 2004

Berlin | Kreuzberg | 2003

Berlin | Steglitz | 2003

Berlin | Charlottenburg | 2004

Berlin | City West | 2004

Berlin | Charlottenburg | 2003

Berlin | Treptow | 2003

Berlin | Mitte | 2003

Berlin | Spandau | 2003

Berlin | Kreuzberg | 2004

Berlin | Charlottenburg | 2003

Berlin | City West | 2004

Berlin | Wedding | 2004

Berlin | Charlottenburg | 2003

Berlin | Mitte | 2003

Berlin | Mitte | 2003

Berlin | Zehlendorf | 2003

Berlin | Märkisches Viertel | 2004

Berlin | Neukölln | 2004

Berlin | Treptow | 2003

Berlin | Neukölln | 2003

Berlin | Neukölln | 2003

Berlin | Moabit | 2003

Berlin | Charlottenburg | 2004

Berlin | Prenzlauer Berg | 2003

Berlin | Hohenschönhausen | 2004

Berlin | Hohenschönhausen | 2004

Berlin | Friedrichshain | 2004

Berlin | Weißensee | 2003

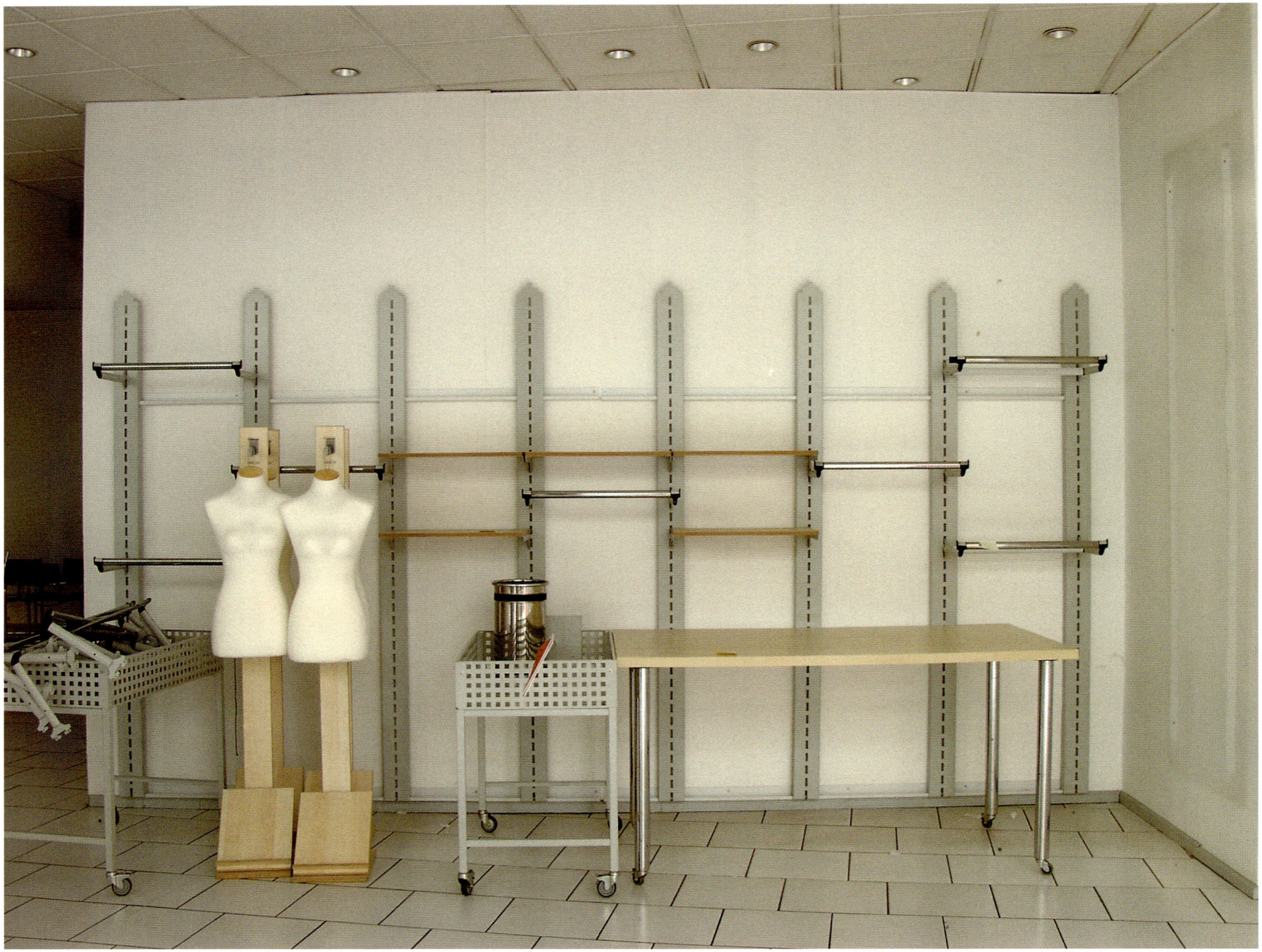

Berlin | Friedrichshain | 2004

Berlin | Friedrichshain | 2004

Berlin | Köpenick | 2003

Berlin | Reinickendorf | 2003

Berlin | Friedrichshain | 2004

Berlin | Mitte | 2003

Berlin | City West | 2003

Berlin | Weißensee | 2003

Berlin | Prenzlauer Berg | 2003

Berlin | City West | 2004

Berlin | Prenzlauer Berg | 2003

Berlin | Charlottenburg | 2003

Berlin | Charlottenburg | 2003

Berlin | Mitte | 2003

Berlin | Prenzlauer Berg | 2004

Berlin | Neukölln | 2004

Berlin | Prenzlauer Berg | 2003

gardeur

Berlin | Neukölln | 2003

Berlin | Friedrichshain | 2003

Berlin | Charlottenburg | 2003

Berlin | Moabit | 2003

Berlin | Neukölln | 2003

Berlin | Friedrichshain | 2003

Berlin | Kreuzberg | 2003

Berlin | Wedding | 2003

 Berlin | Kreuzberg | 2004

Berlin | Lichtenberg | 2003

Berlin | Lichtenberg | 2004

Berlin | Lichtenberg | 2004

Berlin | Westend | 2003

Berlin | Prenzlauer Berg | 2003

Berlin | Neukölln | 2003

Berlin | Neukölln | 2003

 Berlin | Steglitz | Wedding | Mitte | Köpenick | 2003

Berlin | Rudow | 2004 | Neukölln | Moabit | Neukölln | 2003

PRIVAT

 Berlin | Neukölln | 2003

Berlin | Neukölln | 2003

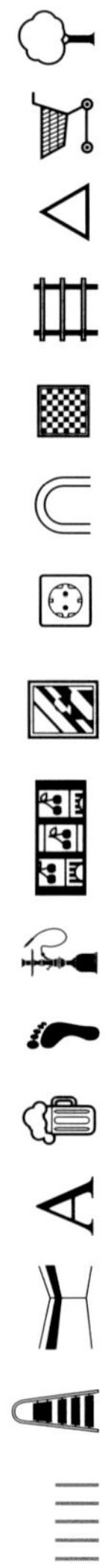

Berlin | City West | 2003

Berlin | Wedding | 2003

Berlin | Prenzlauer Berg | 2003

Berlin | Marzahn | 2003

Berlin | Marzahn | 2003

Berlin | Charlottenburg | 2003 | Wilmersdorf | Wilmersdorf | 2004 | Tiergarten | 2003

Berlin | Prenzlauer Berg | Weißensee | Kreuzberg | Kreuzberg | 2003

Berlin | Charlottenburg | Tempelhof | Moabit | 2003 | Friedrichshain | 2004

Berlin | Moabit | Charlottenburg | Mitte | Prenzlauer Berg | 2004

Berlin | Mitte | 2004

Berlin | Wedding | 2004

Berlin | Charlottenburg | 2003

Berlin | Köpenick | 2003

Berlin | Wedding | 2003

Berlin | Prenzlauer Berg | 2003

Berlin | Prenzlauer Berg | 2003

Berlin | Charlottenburg | 2003

Berlin | Kreuzberg | 2003

Berlin | City West | 2004

Berlin | Wedding | 2004

Berlin | Wilmersdorf | 2003

Berlin | Prenzlauer Berg | 2003

Berlin | Friedrichshain | 2004

Berlin | Prenzlauer Berg | 2004

Berlin | Pankow | 2003

Berlin | Weißensee | 2003

Berlin | Weißensee | 2003

Berlin | Friedrichshain | 2004

Berlin | Friedrichshain | 2004

Berlin | Friedrichshain | 2003

Berlin | Friedrichshain | 2003

 Berlin | Moabit | 2004

Berlin | Kreuzberg | 2003

Berlin | Neukölln | 2003

Berlin | Prenzlauer Berg | 2003

Berlin | City West | 2004

Berlin | City West | 2004

Berlin | Mitte | 2003

Berlin | Friedrichshain | 2003

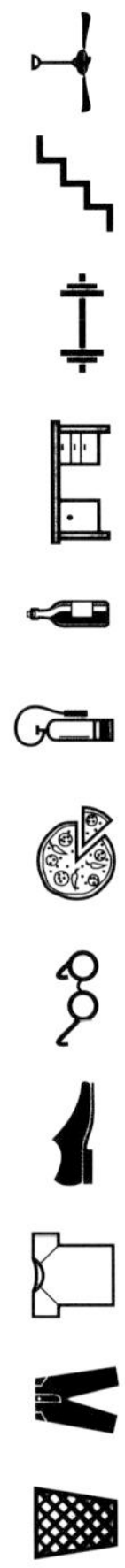

Berlin | Marzahn | 2003

Berlin | Friedrichshain | 2003

Berlin | Friedrichshain | 2004

Berlin | Krenzberg | 2003

Berlin | Charlottenburg | 2004

Berlin | Mitte | 2003

Berlin | Weißensee | 2003

Berlin | Köpenick | 2003

Berlin | Schöneberg | 2003

Berlin | Lichtenberg | 2003

Berlin | Kreuzberg | 2004

Berlin | Wedding | 2003

Berlin | Neukölln | 2003

Berlin | Wedding | 2003

Berlin | Weißensee | 2003

Berlin | Prenzlauer Berg | 2003

Berlin | Prenzlauer Berg | 2003

Berlin | Neukölln | 2003

Berlin | Neukölln | 2003

Berlin | Friedrichshain | 2003

Berlin | Neukölln | 2004

Berlin | Schöneberg | 2003

 Berlin | Charlottenburg | 2003

Berlin | Wedding | 2003

Berlin | Charlottenburg | 2004

Berlin | Prenzlauer Berg | 2003

Berlin | Mitte | 2003

Berlin | Friedrichshain | 2003

Berlin | Tempelhof | 2003

Berlin | Neukölln | 2004

Berlin | Wilmersdorf | 2003

Berlin | Charlottenburg | 2003

Berlin | Neukölln | 2003

Berlin | Köpenick | 2004

Berlin | Schöneberg | 2003

Berlin | Moabit | 2003

Berlin | Friedrichshain | 2003

Berlin | Friedrichshain | 2003

Berlin | Kreuzberg | 2003

GETRÄNKE
Cola,Fanta,Sprite
Mineralwasser
Lemon Soda
Eis Tee
Kakao Trunk
Vanille Trunk
Kaffee (Becher)
ALKOHOLISCHE GETRÄNKE
Bier Beck's
TASCHENFLASCHE
Apfelkorn
Wodka
Herzog
Jägermeister
Kuemmerling

Berlin | Prenzlauer Berg | 2004

Berlin | Prenzlauer Berg | 2003

Berlin | Prenzlauer Berg | 2003

Berlin | Neukölln | 2003

Berlin | Charlottenburg | 2003

Berlin | Wedding | 2003

Berlin | Neukölln | 2003

Große Mächte entstehen und verfallen, Ökonomien wachsen und vergehen, Geschäfte öffnen oder werden geschlossen – eine Realität jeder lebendigen Stadt und Zeugnis des Willens seiner Bewohner zu überleben: sei es die Vision eines Handelsplatzes, der aus dem Nichts in einer entlegenen Wüste entsteht, oder der verständliche Wunsch nach Kontinuität an einem Ort des Wohlstandes – jede Stadt hat ihre eigene Geschichte und es gibt keine andere europäische Kapitale, wo das Fleisch dieser Geschichte noch so roh zu Tage tritt.

Berlin, einst eine Stadt in Ruinen, eine geteilte Stadt und jetzt wiedervereint und frei, seine eigene Zukunft aus dem Vorhandenen zu entwickeln, so dass sich die Stadt eines Tages eines Rückblickes erfreuen möge, der mit den Worten beginnt: „Es war einmal vor langer Zeit...".

Powers come and go, economies thrive and dwindle, shops opening and closing – a reality in every living city and testament to the will of its people to survive: whether it be the vision of an emporium from the rubble or the understandable drive for continuity where there is plenty. Yet each place has its own legacy and there is no other European capital where the flesh of this legacy is still so raw.

Berlin, once a city of ruins, a city devided, and now a city united, free to make sense of what it has, so it may one day enjoy the comfort of a distant story, which begins: "Once upon a time...".

TIME OUT

1945 – 1990 Berlin (West / West) Berlin (Ost / East)

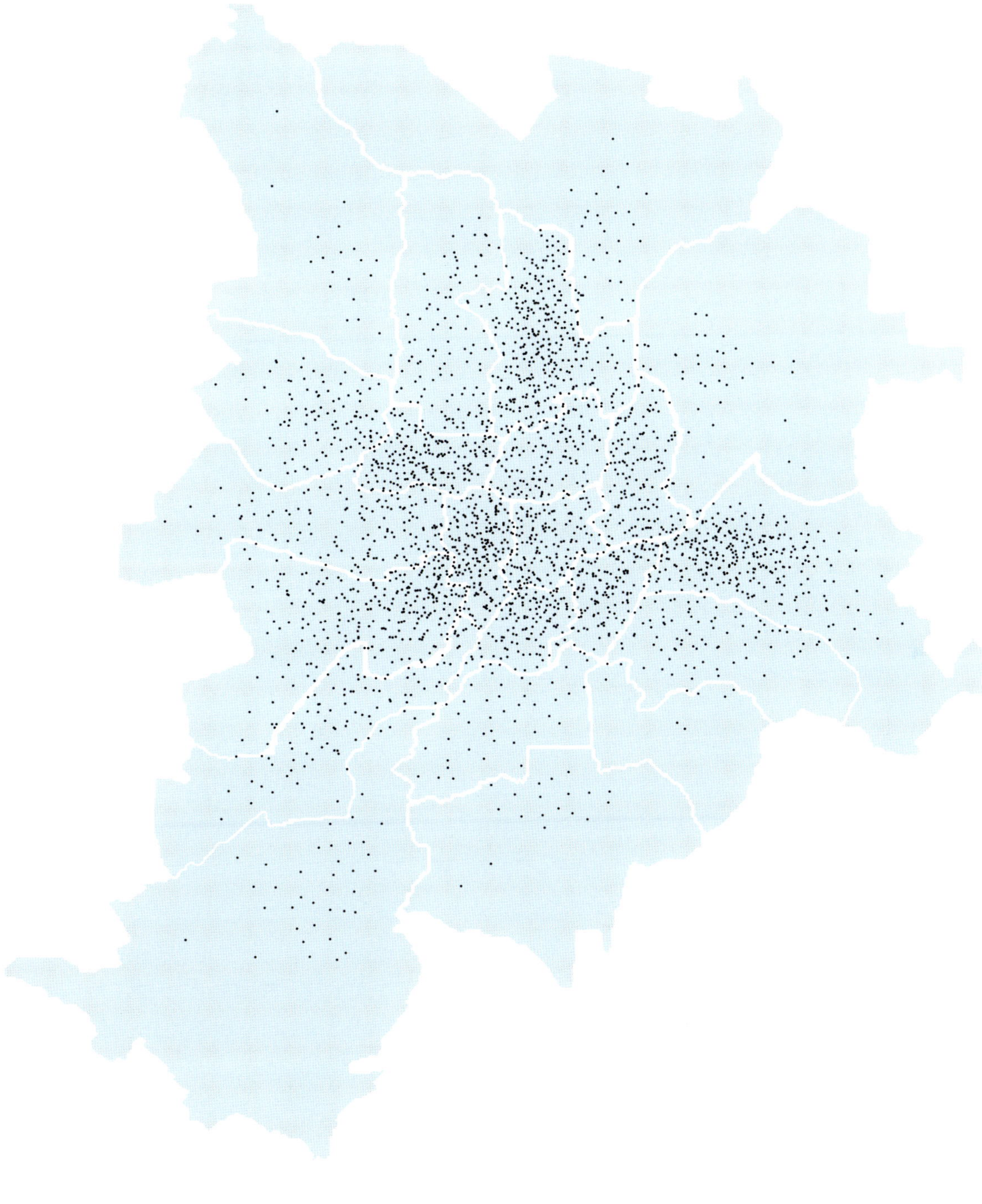

• Leerer Laden empty shop 2003/2004

Hannes Wanderer, geb. 1958 in Hameln, lebt seit 1983 als Fotograf und Designer in Berlin und arbeitet an freien Projekten sowie in den Bereichen Unternehmenskommunikation, Kultur und Werbung.

Andreas Göx, geb. 1960 in Berlin, arbeitet als freischaffender Fotograf in Berlin mit den Schwerpunkten People, Portrait und Event. Seine jüngste Arbeit beschäftigt sich mit dem Thema „Kommunikation im Stadtraum".

„TIME OUT" ist ihr erstes gemeinsames Projekt.

Hannes Wanderer, born 1958 in Hameln, resident of Berlin since 1983. He works as a photographer and designer on free projects as well as in the field of business communication, culture and advertising.

Andreas Göx, born 1960 in Berlin, works in his native city as a freelance photographer with an emphasis on people, portrait and events. His latest project deals with communication in public spaces.

"TIME OUT" is their first mutual project.

Erste Auflage 2004
Hannes Wanderer, Andreas Göx:
Time Out – Leere Läden in Berlin

Prenzlauer Allee 193, 10405 Berlin
www.peperoni-books.de

Fotos: Hannes Wanderer, Andreas Göx
Icons: Toni Mamic
Vorwort: Gunter Woelky
Schlusswort: Thérèse Browne

Design: Peperoni Werbeagentur, Berlin
Druck und Gesamtherstellung: Wanderer Werbedruck, Bad Münder

ISBN 3-9809677-0-0